Littlest Pet Shop

Russel le cool

Novélisation : Katherine Quénot.
Conception graphique du roman : Antartik.

Hachette Livre, 43, quai de Grenelle, 75015 Paris.

Littlest Pet Shop

Russel le cool

hachette
JEUNESSE

BLYTHE

Passionnée de mode, Blythe passe son temps à créer des vêtements sur son carnet à dessins. Pour elle, la vie est un jeu ! Les défis ne lui font pas peur. Et puis, tout est possible avec ses amis... qu'ils soient humains ou animaux !

RUSSEL FERGUSON

Ce hérisson sait donner de bons conseils pour se sortir de toutes les situations. Un problème ? Une catastrophe ? Pas de panique, Russel est toujours là pour tout arranger !

PEPPER CLARK

La jolie mouffette est une sacrée comédienne : elle a un avis sur tout, et elle le donne ! Mais derrière son assurance, c'est surtout un vrai cœur tendre et une amie sincère.

MINKA MARK

Minka a une âme d'artiste, et comme tous les artistes, ce petit ouistiti est un peu tête en l'air. Mais avec elle, on ne s'ennuie jamais : elle crée, imagine, invente... et a tendance à sautiller partout !

PENNY LING

Qui peut résister aux grands yeux doux de Penny Ling ? Dans son cœur de panda, elle a de la place pour tout le monde. Mais cette grande sensible a souvent besoin d'être rassurée par ses amis.

ZOÉ TRENT

Zoé n'a pas sa langue d'épagneul dans sa poche : la star, c'est elle ! Très talentueuse, elle est aussi toujours prête à partir à l'aventure et à entraîner tout le monde. Avec elle, ça déménage !

VINNIE TERRIO

Ce gecko a deux grandes qualités : son regard de séducteur et son super déhanché... En tout cas, c'est ce qu'il croit ! Attention les yeux, c'est un peu le roi de la piste !

SUNIL NEVLA

Sunil est une mangouste adorable, mais surtout, il est prudent. Tellement prudent qu'il a peur de tout ! Il a le frisson à la moindre occasion. Heureusement, ses amis sont toujours là pour le rassurer.

1

Rustress

Opération rangement ! Dans la salle de jeux du Littlest PetShop, Russel fait le tri des jouets en caoutchouc. Rien de plus agaçant que d'appuyer sur un jouet qui doit faire pouic-pouic et qui ne fait pas pouic-pouic. Ou qui fait un pouic-pouic nul !

Méthodiquement, le petit hérisson orange perfectionniste sépare les jouets en trois tas. Mais soudain, il relève la tête et, quel choc ! Pepper Clark est en train de faire le clown devant les autres, la tête transpercée d'une fausse flèche en caoutchouc. C'est super dangereux !

— Stop ! hurle Russel, les yeux exorbités, en rejoignant la mouffette d'un bond. Confisqué !

Surpris, tous les PetShop se regardent. Ce hérisson s'est transformé en monsieur Sécurité. Un vrai rabat-joie !

— Tu sais ce qu'on dit, Pepper ? explique le petit hérisson. La sécurité avant le rire !

Vinnie Terrio, le gecko, croise les pattes d'un air mécontent.

— Où est-ce que tu as pêché ça ?

— Dans ce livre, répond Russel en brandissant un gros dictionnaire : *Le Guide des procédés de sécurité à suivre en période d'amusement* !

Appliquant aussitôt les consignes, il entoure la fausse flèche de sparadrap une bonne dizaine de fois avant de la remettre sur la tête de Pepper… Nettement moins drôle !

Très content d'avoir pu agir avant le drame, Russel continue son rangement. Après avoir fini de trier les jouets qui font pouic-pouic, il range les étagères, puis remet les coussins rouges dans les paniers rouges et les coussins bleus dans les paniers bleus. Ce qu'il ne voit pas, c'est que Vinnie et Sunil remélangent tout derrière son dos. Il faut bien s'amuser autrement, puisque tout est interdit !

— Ah, quel désordre, quel désordre ! ronchonne le petit hérisson.

Il manque s'étrangler. Quelqu'un a mis un jouet sale dans la corbeille des balles de tennis propres !

— Aaaaah ! Je veux savoir qui est le responsable !

Des éclats de rire retentissent. Comme deux marionnettes, les têtes hilares de Sunil et de Vinnie sortent de la caisse où ils s'étaient cachés.

D'un air dégoûté, le hérisson attrape le jouet avec de longues pinces pour le jeter à la poubelle.

— Ce truc est plein de bactéries !

Mais Sunil et Vinnie continuent de rire comme des fous.

— Détends-toi, Rusty ! dit Vinnie.

Russel ne se détend pas du tout. Surtout si on l'appelle Rusty. Ce surnom, ça ne fait pas sérieux. Alors qu'il est sérieux, lui. Très sérieux !

— Excusez-moi de me préoccuper de votre bien-être, dit-il d'un air pincé. Et je préfère qu'on m'appelle Russel, si ça ne vous dérange pas.

— Pourquoi est-ce que tu es toujours aussi sérieux, Russel ? demande Vinnie. Finalement, on devrait plutôt t'appeler Russ... stress ! Oui, Russtress, ça te va bien !

— Trop drôle ! applaudit Sunil, toujours hilare.

Ça ne fait pas rire le petit hérisson... Au contraire, il s'empare de son bloc-notes pour vérifier sa liste de tâches à accomplir.

— Surveillance des opérations : fait. Organisation de l'espace garderie : fait. Vérification de la liste : fait. Revérification de la liste : fait.

Il pousse un soupir de soulagement. Ouf, toutes les cases sont cochées ! Pourtant, le hérisson se sent de mauvaise humeur. Vinnie et Sunil prétendent qu'il est TROP sérieux. Mais on n'est jamais trop sérieux, n'est-ce pas? Il faut bien veiller à l'hygiène et à la sécurité!

— Tu revérifies ta liste, Russel? lui demande Penny Ling en s'approchant de lui.

— C'est fait!

Le hérisson hésite, puis il se lance.

— Penny Ling, je peux te poser une question confidentielle? Est-ce que tu me trouves trop... heu... sérieux?

Penny Ling bat des paupières :

— Heu, je ne sais pas si « sérieux » est le bon mot.

— Intellectuellement vigilant ?

— Heu, pas vraiment.

— Super discipliné ?

— Heu…

— Naturellement appliqué ?

— En fait, « sérieux » est peut-être le meilleur mot pour te décrire…

Russel soupire. Il a l'impression que ce n'est pas bien d'être sérieux. Penny Ling lui sourit gentiment.

— Russel, tu fais tout ce que tu peux pour que l'animalerie soit un endroit sûr et bien organisé et nous t'en sommes reconnaissants. Mais ça ne te ferait pas de mal de te détendre de temps en temps !

— Je sais tout à fait me détendre ! proteste Russel en s'appuyant contre un meuble pour se reposer.

Mais *zoup* ! Il glisse et tombe.

— Se détendre, ça fait mal, conclut-il d'un air contrarié, le museau au sol.

2

Une amie parfaite

Justement, de son côté, Blythe est en train de se détendre au parc avec Zoé et Minka. Le petit singe ne tient pas en place, alors que Zoé avance sagement au bout de sa laisse. Elle adore se promener avec Blythe qui, comme elle, est très élégante en toutes circonstances. Son seul petit souci est que l'humidité va lui faire refriser le poil, alors qu'elle sort du toilettage...

Mais soudain, la petite chienne mord la poussière ! Sue, une des amies de Blythe, vient de les percuter. La jeune sportive courait à reculons, ce qui est une bonne idée pour s'échauffer, mais une très mauvaise pour voir où on va !

Tandis que Blythe remet Minka et Zoé sur leurs pattes, Sue se relève aussi, toute poussiéreuse et le visage griffé.

— Blythe, excuse-moi ! Je suis trop concentrée avec les qualifications de saut en longueur qui arrivent bientôt ! Oh, regarde-moi, je suis toute sale…

La joggeuse maladroite dévisage Blythe de la tête aux pieds. Son amie est tirée à quatre épingles. On dirait une gravure de mode, avec ses cheveux bien lisses, son petit short assorti avec sa chemise courte et cintrée, ses longues bottes, et les nombreux bracelets qui ornent ses poignets. Quelle différence avec elle, dans son jogging informe, en nage, le visage griffé, et couverte de poussière !

— Tu es splendide, Blythe !

— Merci, répond la jeune styliste en rosissant de plaisir. Écoute, tu ne veux pas venir chez moi pour te rafraîchir ? J'habite juste à côté…

Sue ne se le fait pas dire deux fois. Un quart d'heure plus tard, elle ressort de la salle de bains de Blythe, fraîche et pimpante, vêtue des jolis vêtements que son amie lui

a prêtés. Au tour de Blythe de dévisager Sue avec des yeux admiratifs.

— T'es trop mignonne comme ça. Ces vêtements, c'est complètement ton style !

— Merci de me les prêter.

Ravie, la jeune sportive s'admire sous toutes les coutures. Elle a un peu l'impression d'être Blythe en étant habillée avec ses vêtements. Elle aimerait tant être aussi jolie, aussi élégante… et aussi talentueuse !

— Oh Blythe, s'écrie-t-elle, en regardant les dessins de mode punaisés sur le mur, tu as tellement de qualités super géniales !

Blythe se tortille une mèche de cheveux, embarrassée.

— Arrête, toi aussi tu es cool !

— Assez parlé de moi. Parlons plutôt de... toi !

— De moi ?

— Oui ! C'est quoi ta couleur préférée ? Et ton auteur préféré ? Tu préfères quoi, le gâteau ou la tarte ? Et tu utilises quel shampoing ? Et qui tu trouves le plus mignon, Edward ou Jacob ? Je voudrais aussi savoir si tu préfères le riz cantonnais ou les nouilles !

Blythe s'enfuit à l'autre bout de sa chambre pour éviter de répondre à toutes ces questions, mais Sue la poursuit. La jeune styliste est prête à exploser. Heureusement qu'elle est polie et gentille, sinon elle la massacrerait à coups de marteau en caoutchouc !

Le lendemain, Blythe a oublié cet incident. Elle est en train de discuter devant les casiers de l'école avec Jasper et Youngmee, quand elle ouvre des yeux ronds. Sue arrive, toujours vêtue des habits qu'elle lui a prêtés... La jeune sportive a un sourire jusqu'aux oreilles.

— Hé Blythe, tu te souviens quand tu as dit que tes vêtements étaient complètement mon style ? Évidemment, tu as raison, comme toujours ! Alors ça ne te dérange pas si je les garde un peu plus longtemps ?

— Pas de problème, répond Blythe avec un sourire forcé, tu peux les garder autant que tu…

— … voudras, coupe Sue en lui ôtant le mot de la bouche.

Blythe avale sa salive. Elle préfère changer de sujet.

— J'espère que vous êtes tous prêts pour le super…

— … contrôle de maths, interrompt encore Sue.

Cette fois, Blythe la regarde fixement.

— Sue, j'ai l'impression que tu finis toutes mes…

— … phrases.

— En même temps que…

— … moi.

Ce n'est pas qu'une impression, on dirait ! Blythe n'a plus qu'une solution : éviter son amie. Malheureusement, Sue la suit à la trace. À midi, Blythe se précipite à la cantine en espérant la semer. Raté ! Sue réussit à se glisser à côté d'elle avec son plateau…

— Salut Blythe !

— Salut Sue, répond Blythe sans pouvoir réprimer un mouvement de recul.

Elle essaie de cacher son plateau, mais ça ne sert à rien. Sue est bien décidée à manger ce qu'elle mange : comme elle, elle prend de la purée et, comme elle, elle met de la sauce dessus. Sauf que Blythe a versé sa sauce délicatement, tandis que Sue fait un gros splash dégoûtant. La sauce dégouline sur son plateau…

Sue s'extasie :

— Oh Blythe, tu es parfaite, même ta façon de mettre ta sauce sur ta purée est parfaite !

L'irritation de Blythe grandit. Elle essaie de tendre des pièges à

Sue en faisant semblant de saisir des aliments pour en prendre d'autres au dernier moment, mais Sue est rapide ! C'est une sportive qui a de bons réflexes !

Blythe contemple les deux plateaux identiques. Elle soupire, résignée. De toute façon, après la cantine, ça continue ! Sue la suit partout, elle ne la quitte pas d'une semelle et persiste à finir ses phrases. Et le lendemain, c'est pire. Son amie arrive, habillée exactement comme elle. Blythe a l'impression d'avoir un double ou pire, une ombre ! Non seulement Sue est coiffée comme elle, habillée comme elle, mais elle s'est acheté un carnet de croquis. Maintenant, dès qu'elle la voit dessiner, elle s'installe à côté d'elle pour faire la même chose ! Et pourtant, Blythe ne se trouve pas parfaite, loin de là… Pourquoi est-ce que Sue veut changer de personnalité ?

3

Bienvenue Mary France !

Pendant que Sue rêve d'être quelqu'un d'autre, Russel rêve d'être lui-même, mais que ses amis arrêtent de se moquer de lui. Le petit hérisson trouve cela injuste. S'il n'était pas là pour prendre les choses en mains, ou plutôt en pattes, qui le ferait ?

Or, aujourd'hui, comme très souvent, pour ne pas dire tout le temps, le Littlest PetShop a besoin de ses compétences. En effet, Mme Twombly leur présente un nouveau pensionnaire qui restera à la garderie pour l'après-midi. C'est un petit cochon rose qui n'a pas l'air très sympa. Il s'appelle Mary France et porte un nœud rose autour du cou, ce qui laisse supposer que c'est plutôt une petite *cochonne* qui n'a pas l'air sympa…

Bien que tous les PetShop gambadent joyeusement autour d'elle, la nouvelle venue se montre toujours aussi désagréable.

— Du calme, les amis ! demande Mme Twombly en pouffant. Il faut savoir ménager autrui. Oh, j'ai dit « autrui », comme « truie » ! C'est fou ce que je peux être drôle !

Minka bondit et rebondit de joie devant Mary France.

— Bienvenue au Littlest PetShop ! Tu vas beaucoup t'amuser ici et…

Russel l'interrompt. Son bloc-notes à la patte, il se fraie un passage entre ses amis.

— Excusez-moi, pardon, pardon, laissez passer s'il vous plaît !

Parvenu devant la cochonne, il se présente :

— C'est moi qui m'occupe de tout. Je suis Russel, coach de l'animalerie. À titre bénévole, bien entendu. Bienvenue à l'espace garderie, mademoiselle !

Mais la demoiselle en question a une drôle de voix quand elle ouvre le groin. Comme celle d'une truie qui aurait avalé une contrebasse…

— Tu trouves que je ressemble à une mademoiselle ? grogne Mary France.

Russel baisse les yeux sur son bloc-notes.

— Tu t'appelles bien… dit-il en consultant rapidement ses notes.

— Oui, je sais, répond Mary France après avoir poussé de nouveau quelques grognements bien sentis. Mes maîtres voulaient une truie. Mais je n'en suis pas une, compris ?

Russel en rougirait si les hérissons orange pouvaient rougir. Il déteste se tromper.

— Non ! Bien sûr que non ! Tu n'es pas une truie, n'importe qui le devinerait ! Tu es… très costaud.

C'est aussi l'avis de Zoé qui a l'air de trouver le nouveau venu à son goût.

— Très costaud, répète-t-elle, l'air béat.

— Et très viril, renchérit Russel. On le remarque aux poils sur ton visage.

C'est vrai que le cochon a du poil au menton.

— Plein de poils, confirme Penny Ling, admirative.

— Bien ! grogne le cochon, satisfait. Dites-moi, quand est-ce que le ravitaillement est servi dans le coin ?

— Dans peu de temps, répond Russel. Mais tout d'abord, il va falloir me suivre, mademoiselle, je veux dire monsieur Mary France. Tout nouvel arrivant a une fiche à remplir ! Et j'ai quelques questions à te poser. C'est pour que le Littlest PetShop apprenne à mieux te connaître. Des maladies de peau ? Une activité sportive ? Un régime particulier ?

Un quart d'heure plus tard, Russel tient la fiche de Mary France, remplie et signée par l'intéressé. Du bon boulot ! Malheureusement, les autres continuent à ne pas savoir apprécier ses services à leur juste valeur. Ils ont en permanence un petit air moqueur qui lui met les nerfs en pelote. C'est comme s'ils lui disaient : « Nous, on sait s'amuser, au moins ! »

Le hérisson tourne la tête vers Pepper qui arrive, revêtue d'un déguisement de danseuse des îles : robe à volants et coiffe garnie de fruits…

— Oh, regardez qui voilà ! s'esclaffe la mouffette. Le commandant Russtress de la planète Rabat-joie ! Paré au décollage ?

Russel hausse ses petites épaules :

— Je ne comprends même pas ce que tu viens de dire !

Zoé arrive à son tour, habillée de la même manière.

— Non, moi non plus, rassure-t-elle. Écoute Russel, on essaie juste de trouver des idées pour…

S'interrompant, elle saute dans les bras du hérisson.

— … Pour te faire comprendre que tu es beaucoup trop sérieux et stressé !

Stupéfait, le petit hérisson regarde la chienne allongée dans ses bras.

— Vous vous moquez de moi, c'est ça ?

À cet instant, Vinnie les rejoint, revêtu lui aussi d'un déguisement hawaïen, et portant un tambourin à l'épaule.

— Non, non, non… Si !

— On veut juste que tu te détendes un peu et que tu arrêtes de te faire des cheveux blancs, tempère Zoé.

Levant les yeux au ciel, Russel touche ses pics.

— Aucun risque, je suis encore jeune !

— Ce que Zoé veut dire, intervient Pepper, c'est qu'il faut que tu sois un peu plus tranquillou…

Arrivant au-dessus d'eux sur son trapèze, Minka renchérit :

— Un peu de rire et de détente, ça n'a jamais fait de mal à personne !

Pour le prouver à leur ami, tous les animaux se mettent à danser et chanter, au rythme du tambourin de Vinnie. Le son monte, monte, monte, et la colère de Russel aussi. Tout d'un coup, il jette violemment son bloc-notes par terre.

— Qu'est-ce que vous croyez ? Je sais aussi m'amuser et être tranquillou, si ce mot existe !

Le petit hérisson prend une grande décision : il va devenir si amusant que ses amis ne le reconnaîtront même pas. Un dernier petit rangement pour la route, et le nouveau Russel va arriver. Adieu Russtress ! Bonjour Russel le cool !

4

Comment faire ?

Quand Blythe revient au 76 Oak Street après l'école, elle soupire de soulagement. Enfin débarrassée de Sue ! Franchissant la porte du Littlest PetShop, elle salue Russel, assis au bar, en chemise hawaïenne, en train de siroter à la paille une boisson à la noix de coco.

— Salut Russel !

— Salut Blythe !

Perdue dans ses pensées, Blythe continue son chemin, quand elle se fige. Puis, elle fait trois pas en arrière. Ce qu'elle vient de voir est incroyable, extraordinaire ! Pas normal du tout…

— Russel ?

Le petit hérisson prend le temps d'avaler une nouvelle gorgée de jus de coco avant de répondre.

— Blythe ! Je préfère que tu m'appelles « Russel le cool » maintenant…

Blythe est très étonnée. Elle n'a jamais connu Russel cool. Si elle devait lui donner un nom, ce serait plutôt Russtress !

— Ah oui ? dit-elle. Heu, eh bien en tout cas, tu portes une chemise très colorée, Russel le cool !

— Merci, répond Russel, c'est ma nouvelle personnalité ! Tout le monde me voit d'une certaine manière et je veux que mes amis changent d'opinion.

Blythe lève les bras au ciel.

— Mais pourquoi est-ce que tout le monde veut changer de

personnalité tout d'un coup ? s'écrie-t-elle.

Russel prend une nouvelle gorgée de jus de coco.

— Russtress t'aurait demandé de parler un peu plus bas… Mais pas Russel le cool ! s'écrie joyeusement le hérisson en mettant de grosses lunettes de soleil sur son museau.

Blythe réfléchit. Une petite idée lui vient.

— Donc, si j'ai bien compris, pour que les autres te voient différemment, il suffit de changer de chemise ?

— Heu… ouais ! approuve Russel. Exactement !

Blythe passe toute sa soirée à fouiller dans les vieilles malles de

Mme Twombly pour se trouver des vêtements. Elle est très fière du résultat. Son nouveau style va probablement faire des ravages : jupe ridicule à frous-frous assortie avec un tee-shirt de sport ultra moche, collants orange, guêtres en fourrure bleue, et chapeau orné d'une plume géante !

Le lendemain quand elle arrive à l'école, Sue, Jasper et Youngmee sont en train de bavarder devant

les casiers. Immédiatement, Blythe remarque que Sue porte les mêmes vêtements que les siens la veille. Mais elle ne dit rien, savourant l'air stupéfait de ses amis en découvrant son accoutrement...

— Blythe ! s'écrie Sue, éberluée. Ta tenue est…

Cette fois, c'est Blythe qui finit la phrase avec un sourire jusqu'aux oreilles.

—… totalement nulle et absolument pas parfaite !

Mais voilà que les jumelles Biskit arrivent à leur tour : les filles les plus méchantes, mais aussi les plus branchées de l'école. Blythe guette leur réaction avec impatience.

Les deux sœurs se figent.

— Il n'y a qu'un mot pour décrire les vêtements que tu portes, commence Whittany.

— Genre… in-cro-yable ! termine Brittany.

Les jumelles ont donné leur verdict. Incroyable, donc génial. Aussitôt, c'est l'émeute. Toute l'école est autour de Blythe pour la complimenter. Sue est béate d'admiration.

— Blythe, tu as encore réussi, tu es parfaite !

Le lendemain, Sue arbore la même tenue ridicule que Blythe. Pauvre Blythe ! Comment faire pour que son amie arrête de la trouver parfaite ? Soudain, elle a une nouvelle idée : arriver en retard en cours ! De la part d'une élève modèle comme elle, ça va très mal se passer…

Au cours suivant, quand la cloche sonne, Blythe reste devant les casiers à attendre pendant que tout le monde entre en classe. Elle se sent un peu stressée, car c'est la première fois qu'elle sera en retard ! Au bout d'une dizaine de minutes, prenant une grande inspiration, la jeune fille décide d'y aller.

— Hé oui ! s'écrie-t-elle en poussant la porte de la classe. Je suis en retard !

Tout en rejoignant sa place, Blythe épie du coin de l'œil le visage stupéfait des autres élèves, Sue la première.

— Je crois que, dans ma tête, je n'étais pas vraiment prête à arriver à l'heure, explique la jeune fille d'un air dégagé. Ah, ce sont des choses qui arrivent, quand on n'est pas parfaite ! Ça va me valoir des gros ennuis, n'est-ce pas, professeur ?

Mais celui-ci semble réfléchir. Puis, il sourit :

— Pas du tout, Blythe. Faire une pause dans sa tête à ce moment-là de la journée est très bon pour le corps et l'esprit. Les enfants, faites tous une pause dans votre tête, comme Blythe !

Blythe en pleurerait. À côté d'elle, Sue lève son pouce en signe d'admiration. Après le cours, fuyant son amie, la jeune styliste se réfugie en bas de l'escalier. C'est là que Jasper et Youngmee la trouvent à bout de nerfs...

— Je ne sais plus quoi faire pour que Sue arrête de m'imiter ! Elle copie tout ce que je fais et, en plus, elle finit toutes mes phrases !

— On a remarqué, soupire Jasper.

— Elle croit que je suis parfaite, continue Blythe. Alors j'ai voulu lui montrer que c'était loin d'être le cas. Mais à chaque fois que j'essaie d'être mauvaise dans un domaine, ça s'arrange ! J'en ai marre, marre ! Un vrai cauchemar...

Jasper réfléchit.

— Il y a bien un domaine où tu es mauvaise ?

— Il y en a des tas !

Soudain, Blythe a une illumination.

— Mais il y en a un en particulier. Faut que j'y aille ! s'écrie la jeune fille en partant en courant.

Quelqu'un d'autre vient de partir en courant aussi. C'est Sue. Elle a entendu toute la conversation et s'enfuit, les yeux plein de larmes…

5

Quel bazar !

Très étonnés, les pensionnaires du Littlest PetShop observent Russel. Riant comme un fou, le hérisson mélange lui-même les jouets en caoutchouc qu'il avait triés auparavant si soigneusement. Puis, il sort les autres jouets des caisses, balaie d'un coup de patte les objets rangés sur les étagères, lance les ballons à travers la pièce et inverse les oreillers coordonnés aux paniers. Le tout sans cesser de rire. Un rire un peu dingue...

— Russel, je peux te demander ce que tu fabriques? interroge Penny Ling, assise tranquillement sur un coussin.

— Quoi, tu ne devines pas ce que je fais? Mais je suis en train de m'amuser! Parce que moi je suis Russel le cool! ajoute le hérisson en riant de plus en plus fort.

Ayant fini de déranger tout ce qui pouvait l'être, il s'approche de Pepper qui jongle avec trois quilles. Trop fastoche! Ce n'est pas drôle...

— On va compliquer un peu l'exercice ! décide-t-il.

Après avoir remis sur la tête de la jongleuse sa fausse flèche débarrassée du sparadrap, il lui lance successivement une quille, une deuxième, une scie sauteuse, une enclume et un klaxon qu'il lui fait hurler aux oreilles. Difficile et même impossible de jongler avec tout ça ! Perdant l'équilibre, la pauvre mouffette tombe en recevant tous les jouets sur la tête…

En hurlant de joie, Russel s'éloigne pour continuer à s'amuser, puisqu'il est Russel le cool. Il déboutonne même les premiers boutons de sa chemise hawaïenne pour avoir un look débraillé hyper méga cool. Puis, il colle des fausses moustaches à Sunil et à Mary France, qui préfère nettement les hérissons stressés aux hérissons cool !

Épiant Russel d'un air soupçonneux, Sunil s'approche de Penny Ling. Il n'est pas sûr de reconnaître son ami…

— Qui est-ce ? demande-t-il.

— Je ne sais pas vraiment, répond Penny, dubitative.

— *C'est tellement cool d'être cool !* chante maintenant Russel.

C'est son nouvel hymne. Ravis, ses amis le reprennent à tue-tête. On dirait que leur leçon a réussi au-delà de toutes leurs espérances...

Bientôt, dans la garderie, c'est la vraie foire. Tous les animaux se jettent n'importe quoi à la figure et les plumes des oreillers éventrés volent partout !

— On s'amuse bien, hein ! s'écrie Russel le cool, déguisé maintenant

en vahiné, avec un pagne et un soutien-gorge.

— On s'amuse presque TROP ! répond Sunil.

En réalité, les animaux sont un peu inquiets. On dirait que Russel n'est plus lui-même…

Celui qui n'apprécie vraiment pas, c'est Mary France. Réfugié derrière un fauteuil, le cochon observe le chahut d'un œil accusateur. La situation est en train de déraper sérieusement. Soudain, Vinnie lance une boule de bowling à travers la pièce, entraînant une série de culbutes. La boule atteint Pepper, qui jonglait avec ses quilles. Une des quilles atterrit sur un des distributeurs de croquettes, qui casse. Toute la nourriture se déverse par terre et Russel en ramasse une poignée, qu'il lance à travers la pièce.

— Bataille de nourriture !

La salle de jeux du Littlest PetShop est bientôt transformée en véritable porcherie, ce qui n'est pas du tout du goût du cochon…

Voulant être plus cool, encore plus cool et toujours plus cool, Russel change de déguisement.

Il enfile une tunique d'homme des cavernes et un casque à cornes de Viking trop grand pour lui ! Puis, il décide de transformer la garderie en boîte de nuit. Après avoir accroché au plafond une grosse boule à facettes qui projette des rayons de lumière multicolores sur les murs, il met la musique à fond. Totalement déchaîné, le petit hérisson se tortille comme un ver de terre au son de la *dance music*. Perché sur son estrade, il n'entend plus rien. Pas même les hurlements de ses amis qui essaient désespérément d'attirer son attention... Il faut dire qu'avec le casque qui lui descend jusqu'aux yeux, il ne

voit vraiment rien du tout non plus !

— Russel ! crie Penny Ling. Je veux dire « Russel le cool ». On a un gros problème !

Enfin, Russel les entend. Apercevant ses amis rassemblés devant lui, il lève les yeux au ciel.

— Ne me dites pas que vous voulez que je sois encore plus cool ?

— Non, répond Penny Ling,

complètement affolée. Mary France a disparu !

Russel éclate d'un rire presque démoniaque.

— Ah oui ? Eh bien, s'il manque la fête, c'est tant pis pour lui !

Soudain, Penny Ling en a assez de Russel le cool.

— Arrête, Russel. Il a disparu. On te dit qu'il n'est plus là !

L'un après l'autre, comme

s'ils parlaient à un enfant ou à un fou, les animaux expliquent au hérisson que le cochon s'est sauvé.

Mais Russel le cool s'en moque. Comme de sa première chemise hawaïenne !

— Qu'est-ce que vous voulez que j'y fasse, moi ?

Zoé prend la parole. Grâce à sa classe naturelle, elle pense pouvoir être écoutée de Russel.

— On a besoin de Russtress, dit-elle. Les maîtres de Mary France seront bientôt là et il faut qu'on le retrouve !

Hélas ! Russel semble avoir définitivement craqué.

— Il n'y a pas de Russtress

dans cette fête ! Juste Russel le cool !

Les animaux baissent la tête. Si Russel les abandonne, tout est perdu.

— Eh bien les amis, conclut Sunil, la mort dans l'âme, j'ai bien l'impression qu'il n'y a plus que nous…

6

Sur la ligne de départ

Tandis que Russel refuse de redevenir lui-même, de son côté Sue a enlevé les vêtements de Blythe… En tenue de sport, elle fait des étirements au stade pour se préparer à l'épreuve de qualification de saut en longueur.

Quelle n'est pas sa surprise de voir arriver Blythe, habillée comme elle !

— Qu'est-ce que tu fais ici ?

Blythe prend un air dégagé.

— Je viens passer les qualifications. Je suis vraiment douée pour l'athlétisme, tu sais !

Sue a un petit sourire triste.

— Écoute Blythe, ce n'est pas la peine de te fatiguer. J'ai entendu tout ce que tu as dit quand tu parlais avec Jasper et Youngmee...

— Ah, dit Blythe, gênée. Je suis désolée...

Mais Sue la rassure. Elle ne lui en veut pas du tout. Au contraire. C'est elle qui avait tout faux !

— J’ai passé tout ce temps à essayer de devenir un peu plus comme toi, alors que tout ce je devais faire, c’était être un peu plus moi-même…

Blythe sourit jusqu’aux oreilles. Elle est tellement soulagée de ce qu’elle entend !

— Tu es géniale telle que tu es ! Pas besoin de changer quoi que ce soit…

Cette fois-ci, Sue adresse un vrai grand sourire à son amie.

— Merci Blythe. Alors, sans rancune ?

Les deux fillettes se serrent la main. Blythe rit. Ouf, elle l'a échappé belle ! Le sport, c'est vraiment pas son truc. En revanche, les crèmes glacées, oui !

— Ça te dit un moka pour fêter ça quand tu auras fini tes épreuves, Sue ?

Malheureusement pour elle, Blythe ne va pas s'en tirer aussi facilement. Elle s'est inscrite à l'épreuve du saut en longueur et quand on est inscrit, on est inscrit ! Surtout qu'elle est présente sur le terrain, et en tenue de sport…

Avant que Sue puisse répondre, le professeur qui fait passer les épreuves s'avance vers Blythe.

— Blythe Baxter, c'est toi ? Allez, c'est ton tour !

Blythe blêmit.

— Heu… En fait, non merci, madame. Sans façon…

Le professeur regarde la candidate sans comprendre.

— Tu es bien Blythe Baxter ?

— Heu, oui…

— Alors viens, dépêche-toi !

La pauvre Blythe n'a plus qu'à obéir. Elle jette un regard désespéré à Sue qui emboîte le pas de son amie pour l'accompagner dans cette rude épreuve. La jeune styliste en bégaie d'appréhension.

— Qu'est-ce que… que… que je dois faire ?

Sue essaie d'être rassurante.

— Tu n'as qu'à courir aussi vite que tu peux, et quand la piste est terminée, tu sautes !

— Ça a l'air facile, bredouille Blythe, pas du tout convaincue.

La jeune fille se met sur la ligne de départ. Hélas ! Comme

elle n'a pas l'habitude de faire du sport, elle ne vérifie pas ses chaussures. C'est toujours la chose à faire. Or, un de ses lacets est dénoué ! Au signal, Blythe se met à courir à toute vitesse, comme Sue le lui a indiqué, mais elle trébuche sur son lacet et s'étale à plat ventre dans le sable en poussant un grand cri.

Aussitôt, Sue court auprès d'elle.

— Blythe, tu es blessée ?

Blythe relève le nez. Elle est décoiffée et pleine de poussière.

— Juste dans mon amour-propre !

En riant, elle se remet sur ses pieds.

— Tu vois, je t'avais bien dit que je n'étais pas parfaite !

— T-E-M-L ! répond Sue. Tu en es même loin !

Les deux filles éclatent de rire. Soudain, un coup de sifflet retentit.

— Sue Patterson, à ton tour !

Blythe lui adresse un clin d'œil.

— Hé, Sue, ne fais pas comme moi, cette fois-ci !

— Pas cette fois… promis !

Sue tient parole. Non seulement elle ne trébuche pas comme Blythe, mais en plus elle bat le record de saut en longueur de l'école !

— Bienvenue dans l'équipe de tête, Sue ! s'écrie l'entraîneuse, tandis que tous ses camarades l'applaudissent.

Blythe serre son amie dans ses bras.

— Tu as été parfaite !

— Oui, reconnaît Sue, heureuse. On dirait bien !

7

Rester soi-même

À présent, Russel le cool est effondré sur un coussin.

— S'amuser, c'est épuisant ! gémit le petit hérisson.

Ouvrant un œil, il aperçoit Minka qui s'agite devant lui d'un air désespéré. Le petit singe essaie de lui expliquer que Mary France est toujours porté disparu…

Russel le cool accepte enfin de se relever. Aussitôt, tous ses amis l'entourent, plein d'espoir.

— On a cherché ce cochon partout, explique gravement Zoé. Mais c'est comme s'il s'était volatilisé !

Haussant les épaules, Russel se rassoit pour reprendre sa sieste. Il a très bien compris leur petite machination…

— Ok. Je sais ce qui se passe, dit-il en bâillant. Vous voulez juste que j'arrête d'être Russel le cool pour pouvoir recommencer à vous moquer de moi derrière mon dos. Vous pouvez toujours courir !

À cet instant, Penny Ling éclate en sanglots.

— On te demande pardon, Russel ! On t'aimait tel que tu étais. On veut que le Russel sérieux revienne pour nous aider à retrouver Mary France !

Très vite, une grosse flaque d'eau salée s'étend aux pieds du petit panda. C'est impressionnant !

— S'il te plaît, recommence Penny Ling dans un nouvel accès

de larmes, tu veux bien nous aider ?

Enlevant d'un geste sec son casque à cornes, Russel prend sa décision. On a besoin de lui ici ! Sans lui, on ne retrouvera jamais Mary France ! La réputation du Littlest PetShop sera ternie, Mme Twombly sera dans l'obligation de mettre la clef sous la porte, et ils devront aller dans le Largest-Ever PetShop, où, séparés les uns des autres, ils resteront enfermés dans des cages jusqu'à la fin de leur vie.

Rejetant ses petites épaules en arrière, Russel comprend l'importance de sa mission. D'une patte décidée, il reprend son bloc-notes où il se met à chercher fébrilement la fiche de Mary France. Heureusement qu'il lui a fait remplir un questionnaire !

— Bon, écoutez-moi, dit-il. C'est difficile à croire, mais Mary France aime beaucoup le football. Sunil et Vinnie, vous allez fouiller le rayon jouet, en particulier les petits ballons de football.

Les deux animaux partent comme des flèches, tandis que Russel consulte de nouveau sa fiche. Son auditoire a le souffle suspendu. Qui va être nommé pour la prochaine mission ?

— Mary France est atteint d'un léger eczéma, reprend le hérisson. Zoé et Minka, fouillez le rayon des crèmes et pommades, au cas où le cochon aurait des démangeaisons.

Les deux filles ne se font pas prier pour filer.

— Mary France aime beaucoup les sols froids, continue Russel. Pepper, cherche dans le placard à balais, et Penny Ling, vérifie les toilettes.

Le panda adresse un sourire jusqu'aux oreilles au hérisson.

— Contente de te revoir, Russel.

— Content d'être de retour, Penny Ling, répond le petit hérisson d'une voix chargée d'émotion.

Tandis que ses amis partent fouiller aux endroits stratégiques qu'il leur a indiqués, Russel consulte encore la fiche de Mary France. Il n'y a aucune information de plus pour le mettre sur la piste, à part le fait que le cochon a les oreilles fragiles : il déteste le bruit. Pourtant, même s'il ne lui a pas posé la question, le petit hérisson a compris que ce cochon ne pensait qu'à une chose dans la vie : manger. Voilà deux pistes qui devraient aboutir au même endroit !

Posant son bloc-notes, Sherlock Russel se dirige vers le bar à croquettes. Rapidement, il détecte des restes de nourriture qu'un animal a semés derrière lui. Il n'a plus qu'à suivre les traces… Celles-ci le mènent jusqu'à une table recouverte d'une nappe…

Russel rit entre ses moustaches. Il avait raison ! Des ronflements s'élèvent de dessous la table.

— Des traces de nourriture et un endroit tranquille pour manger : c'est bien ce que je pensais !

Russel soulève la nappe. Le cochon est là, endormi profondément. Russel va se faire un plaisir de le réveiller pour le rendre à ses maîtres !

Quelques instants plus tard, le maître de Mary Francc repart avec son petit cochon au nœud rose. Après son départ, les pensionnaires habituels du Littlest PetShop tiennent conseil.

— Personnellement, commence Zoé, je suis très contente de retrouver notre VRAI Russel.

Aussitôt, tout le monde approuve bruyamment.

— C'est vrai que ça fait plaisir de te retrouver, Rusty, répond Vinnie. Oh, pardon, je veux dire, Russel !

Mais le hérisson ne se vexe pas. Quelque part, il est devenu un peu plus cool…

— Tu sais quoi ? Tu peux m'appeler Rusty si tu veux. J'avoue que finalement, ça me plaît !

Mais la malicieuse Pepper décide de tester leur Russel national.

— Et ça alors, ça te plaît ? lui demande-t-elle en remettant sa fausse flèche sur la tête.

— Heu… commence Russel, en avalant sa salive de travers.

Au signal, tous les autres animaux se mettent également une fausse flèche en caoutchouc sur la tête.

— Soyez raisonnables, gémit le petit hérisson. Ce truc va finir par éborgner quelqu'un !

Ah, ça fait du bien de faire bisquer le petit hérisson ! Une fois toutes les fausses flèches rangées dans un tiroir, et une fois l'animalerie remise en ordre, Russel peut enfin se détendre VRAIMENT. C'est à ce moment-là que Blythe revient du stade… Elle regarde le petit hérisson, très étonnée.

— Tu as enlevé ta chemise ?

Russel se frotte le museau :

— Ce n'était pas mon style ! Tu sais quoi ? On s'est tous rendu compte que le Russel original était très bien comme il était.

Blythe sourit : c'est amusant, Sue et Russel ont voulu tous deux changer de personnalité en même temps, et tous deux ont réalisé qu'ils étaient bien mieux comme ils étaient. D'ailleurs, les autres les préfèrent aussi ainsi !

— Alors ça veut dire que Russel le cool a disparu pour de bon ? demande Blythe malicieusement.

— Je crois bien que oui, affirme Russel. Mais le Russel un peu moins stressé et un peu plus cool et plus facile à vivre reviendra peut-être vous rendre visite de temps en temps !

Tandis que Blythe se dirige vers le monte-charge pour rejoindre sa chambre, elle réfléchit encore. On dirait que Russel a appris beaucoup

de choses dans cette aventure. Comme Sue ! Comme elle aussi, d'ailleurs. Elle avait peut-être oublié à quel point elle était nulle en sport.

Moralité : on peut être à l'aise dans ses baskets, et pas du tout sur un terrain de sport !

FIN

Les PetShop ont plein d'histoires à te raconter !

Charlie est jaloux

Basile est complexé

Gustave regarde trop la télé

Valentine est amoureuse

Jules fait son chef

Lucie a un admirateur secret

Anne est paresseuse

Romain s'ennuie

Clémence ment tout le temps

Emma n'aime pas partager

Léo cherche de nouveaux amis

Félix déménage

Chloé se dispute avec son frère

As-tu lu la première aventure de Blythe et ses amis ?

tome 14 :
Le pouvoir de Blythe

Pour tout connaître sur ta série préférée, va sur le site :
www.bibliotheque-rose.com

Au Littlest Petshop, il se passe toujours quelque chose...
Retrouve Blythe et ses amis dans le tome 16 !

Pepper fait des siennes

Mais qu'arrive-t-il à Pepper ?
La petite mouffette lance des plaisanteries méchantes aux autres animaux !
Pendant ce temps, Blythe devient inséparable des jumelles Biskit et en oublie Jasper, Youngmee et Sue...

TABLE

hachette s'engage pour l'environnement en réduisant l'empreinte carbone de ses livres. Celle de cet exemplaire est de :
400 g éq. CO_2
Rendez-vous sur
www.hachette-durable.fr

PAPIER À BASE DE
FIBRES CERTIFIÉES

Photogravure Nord Compo - Villeneuve d'Ascq

Imprimé en Roumanie par G. Canale & C. S.A.
Dépôt légal : janvier 2014
Achevé d'imprimer : janvier 2014
20.4411.3/01 – ISBN 978-2-01-204411-1
Loi n° 49956 du 16 juillet 1949
sur les publications destinées à la jeunesse